AF322689

MEDITACIÓN
Para niños

El arte en este libro viene
de tatuajes reales

¿Sabías que puedes usar tu mente como un genio practicando la meditación?

¿Quieres saber cómo?

Este libro se te leerá hasta que puedas memorizar esta práctica. Después cuando vallas creciendo podrás hacerlo tu solito o solita. Por lo tanto, elije a tu persona favorita para que te lo lea. Puedes elegir a una persona diferente cada vez.

¿Listo para empezar?
Usaremos los números
3 -2 y 1 para ayudarte.
3

Busca un lugar cómodo en tu cama o en el suelo:
¡Asegúrate de tener tiempo tranquilo!
¡Sin televisión, teléfonos o iPad!

4

Cierra los ojos.
Respira produndo y,
cuando dejes salir el aire...
en tu mente imagina el número 3 tres veces.

5

Ahora pon tu atención en
la piel que cubre tu cabeza.
Sentirás una vibración pequeñita.

Respira produndo y,
cuando dejes salir el aire...
Dile a la piel de tu cabeza que se relaje.

6

Pon tu atención en tu frente.
Siente la piel que cubre tu frente.
Sentirás una vibración pequeñita.
Respira profundo y,
cuando dejes salir el aire...
Dile a tu frente que se relaje.

Pon tu atención en tus ojos y tus pestañas.
Sentirás una vibración pequeñita.
Respira profundo y,
cuando dejes salir el aire...
Dile a tus ojos que se relajen.

7

Pon tu atención en tu cara.
Siente la piel que cubre tu cara.
Sentirás una vibración pequeñita.
Respira profundo y,
cuando dejes salir el aire...
Dile a tu cara que se relaje.

8

Pon tu atención en tu garganta.
Siente la piel que cubre tu garganta.
Sentirás una vibración pequeñita.
Respira profundo y,
cuando dejes salir el aire...
Dile a tu garganta que se relaje.

Pon tu atención en tus hombros.
Siente tu ropa tocando tus hombros.
Sentirás una vibración pequeñita.
Respira profundo y,
cuando dejes salir el aire...
Dile a tus hombros que se relajen.

10

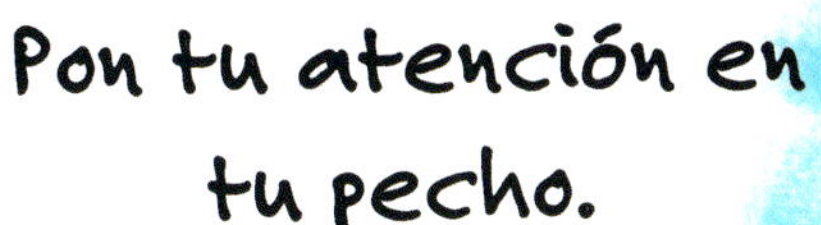

Pon tu atención en
tu pecho.

Siente tu ropa
tocando tu pecho.
Sentirás una vibración
pequeñita.

Respira profundo y,
cuando dejes
salir el aire...
Dile a tu pecho que se
relaje.

Pon tu atención dentro de tu pecho.
Respira profundo y,
cuando dejes salir el aire...

Siente tus órganos, tus glándulas,
tu piel, y tus células.
Relájate y
ordenarles que funcionen perfectamente
y que estén siempre saludables!

Pon tu atención en tu panza.
Siente tu ropa tocando tu ombligo.
Sentirás una vibración pequeñita.
Respira profundo y,
cuando dejes salir el aire...
Dile a tu panzita que se relaje.

Pon tu atención dentro de tu panza. Respira profundo y
siente tus órganos, tus glándulas, tu piel, y tus células.
Relájate y ordenarles que funcionen perfectamente y que
estén siempre saludables!

Pon tu atención en tus muslos y siente tu ropa tocando esta
parte de tus piernas. Sentirás una vibración pequeñita.
Respira profundo y, cuando dejes salir el aire...
Dile a tus muslos que se relajen.

Pon tu atención en tus rodillas.
Siente la piel que cubre tus rodillas.
Sentirás una vibración pequeñita.
Respira profundo y,
cuando dejes salir el aire...
Dile a tus rodillas
que se relajen.

Pon tu atención en tus piernas.
Sentirás una vibración pequeñita.
Respira profundo y,
cuando dejes salir el aire...
Dile a tus piernas que se relajen.

13

Ahora entraremos en un nivel mental más saludable.

Pon tu atención en tus pies. Luego pon tu atención en las plantas de tus pies. Ahora pon tu atención en los talones de tus pies.

14

Ahora, imagina que sientes que tus pies no están conectados a tu cuerpo. Y luego, imagina que tus pies, tobillos, rodillas, y piernas también están separados de ti. Tus pies, tobillos, rodillas, piernas, muslos, cintura, hombros, brazos y manos, se sienten como que no no están conectados a tu cuerpo.

ahora respira ...

Imagina ahora que estás flotando con cada respiración!
¡Esta es tu relajación física! ¡Tu cuerpo aprenderá a relajarse así cada vez que practiques!

Respira profundo y, cuando dejes
salir el aire...
en tu mente, imagina el número 2 tres veces.

El nivel 2 es para que tu mente se relaje. En este nivel
los ruidos no te molestarán, en cambio los ruidos te
ayudarán a relajar tu mente cada vez más.

Imagina que estás acostado en el sácate y tienes tu mascota o juguete favorito contigo. Estas relajadísimo. Puedes sentir el sácate suavecito debajo de ti mientras miras hacia las nubes flotando. Las nubes pasan en formas de animales.

Ok, ahora que estás tan relajado,
vamos a tu centro.

Respira profundo y,
cuando dejes salir el aire...
en tu mente Imagina el número 1 tres veces.

**Ahora estás centrado,
saludable y feliz.**

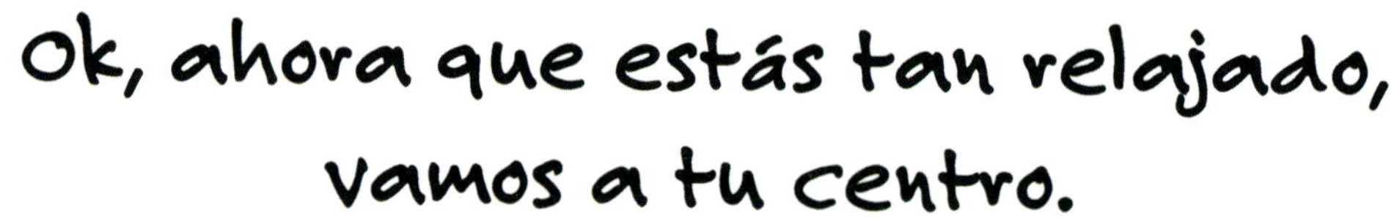

18

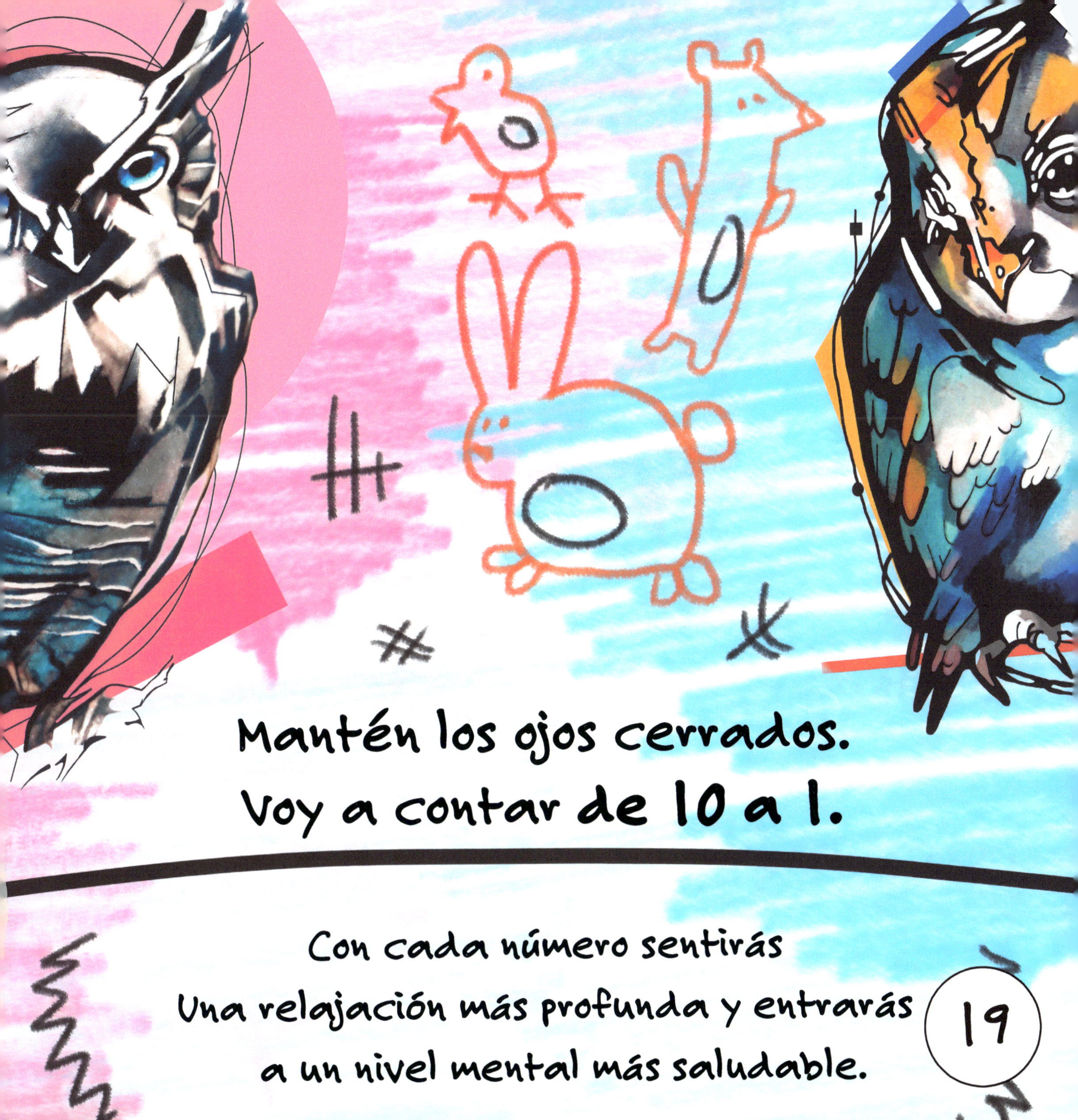

Mantén los ojos cerrados.
Voy a contar de 10 a 1.

Con cada número sentirás
Una relajación más profunda y entrarás
a un nivel mental más saludable.

19

Diez
Nueve
Profundizando
Ocho
Siete
Seis
Cinco
Cuatro
Tres
más y más profundo
Dos
Uno
20

Ahora estás en un nivel de mente más
saludable,
más tranquilo que antes.
Relaja los ojos
siente lo relajados que están.

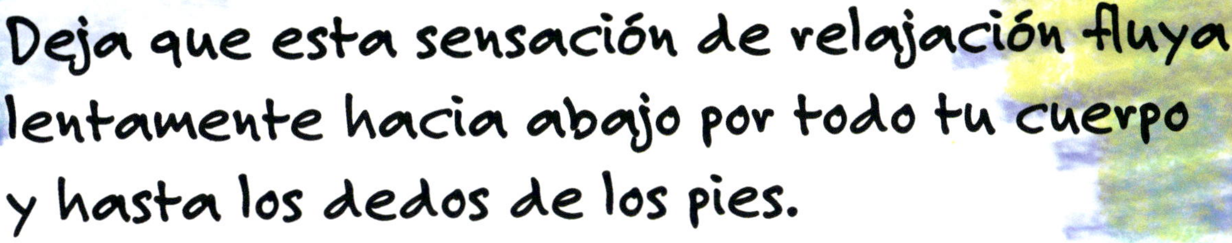

Deja que esta sensación de relajación fluya
lentamente hacia abajo por todo tu cuerpo
y hasta los dedos de los pies.

Es una sensación maravillosa estar profundamente
relajado. ¡Es un estado muy saludable de ser!

21

Ahora repite mentalmente
después de mí
"Todos los días en todos
los sentidos
Estoy mejorando."
¡Mejor y mejor!

Los pensamientos positivos me traen
beneficios y recompensas que deseo.
Soy un ser fuerte, saludable
y amoroso.

22

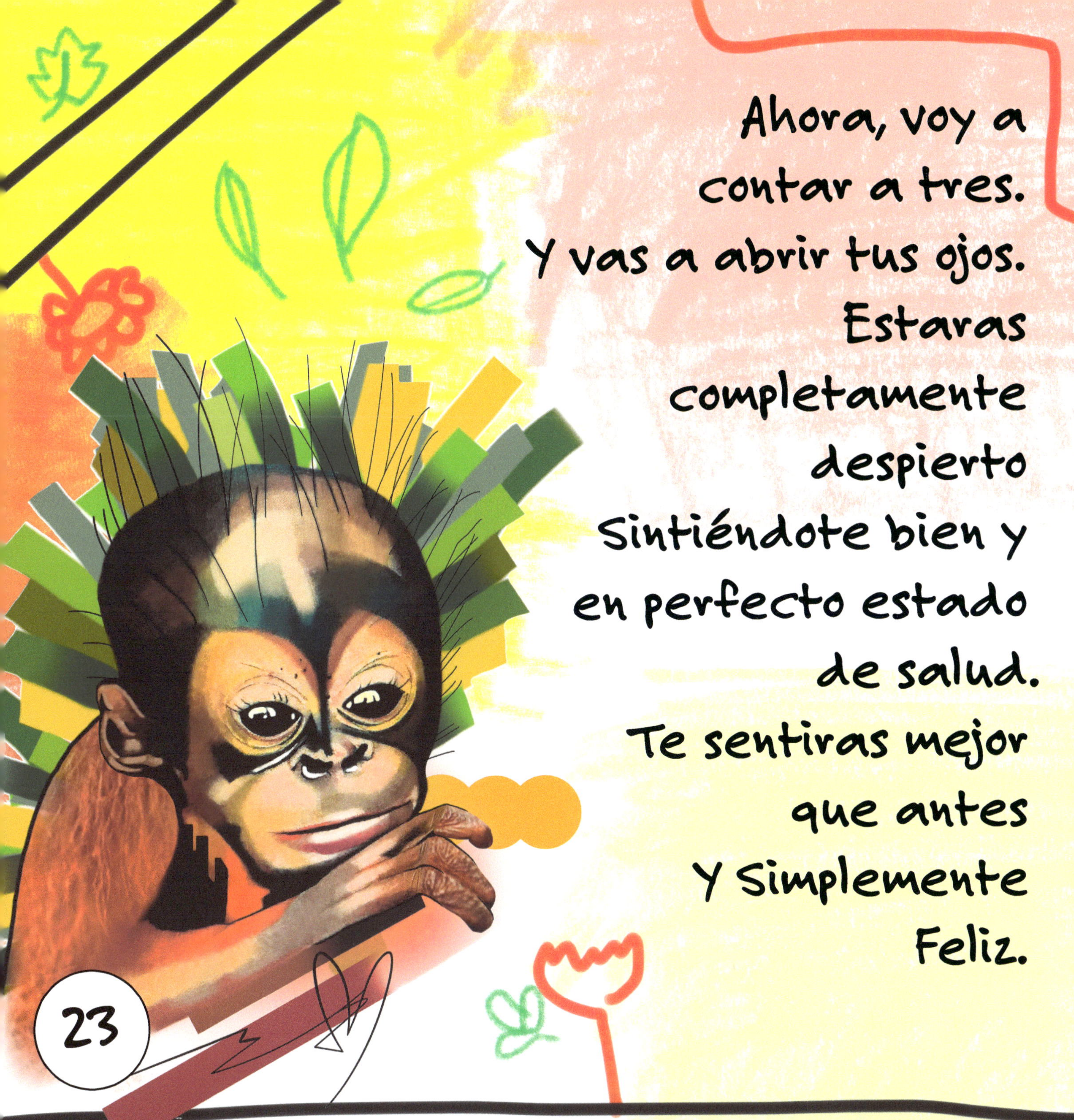

Ahora, voy a contar a tres.
Y vas a abrir tus ojos.
Estaras completamente despierto
Sintiéndote bien y en perfecto estado de salud.
Te sentiras mejor que antes
Y simplemente Feliz.
23

Uno
Saliendo lentamente
Dos
Tres

Ojos abiertos
Totalmente despierto
sintiéndote bien y en
Salud perfecta
sintiéndote mejor que antes.

24

¡Lo hiciste!

Cuanto más practiques, mejor vida tendrás.

¡Habla con todos tus amigos sobre la meditación!
Cuanto más meditan los humanos, mejor se siente
nuestro planeta porque estamos más relajados
y somos más amables unos con otros.
Cuando estamos relajados, amamos nuestro
planetay a nuestros animales.

¡Recuerda que la diferencia entre los genios es que los genios usan más de su mente y la usan de una manera especial!
26

27

SOBRE LA AUTORA

Las paradas en la carrera de Verónica incluyen Asistente Legislativa para la Alcaldesa de Long Beach, California, Beverly O'Neill; analista legislativo de la concejal Laura Richardson; Directora de Participación Comunitaria de la Universidad Americana de Ciencias de la Salud; Gerente de Operaciones de dos Empresas de Transporte Internacional; propietaria y operadora de dos restaurantes y bares, y coordinadora de eventos para una empresa de planificación financiera.

Los libros auto editados y auto publicados de Verónica "Mi Vida Mi Historia Dios Me Debes" y "Holy Sh*t I'm a ... Psychic" aterrizaron en New Hot Releases de Amazon y se convirtieron en los más vendidos en Europa.

Verónica vive con su pareja. Juntas viajan por el mundo eliminando estigmas y rompiendo barreras con sus seminarios de estilo de vida positiva y el mensaje de "just Love".

En 2021, Verónica cambió de carrera para seguir el llamado de Dios en su vida y se convirtió en sanadora psíquica.
Hasta el día de hoy, Veronica ha utilizado sus habilidades de sanación psíquica para ayudar a personas de todo el mundo.

En 2023, Verónica lanzó libros para niños "Meditación para niños", "Manifestación para niños" y "Visualización para niños" con la dirección artística de su compañera Ivana Belakova, también conocida como Ivana Tattoo Art.

Es una psíquica médium y sanadora mística. Se especializa en mensajes espirituales de animales y limpiezas energéticas chamánicas. Está entrenada en hipnosis y RTT.

SOBRE LA ARTISTA

IVANA TATTOO ART es la PRIMERA y ÚNICA MUJER en el mundo cuyo arte del tatuaje está certificada como Bellas Artes Contemporáneas por el Museo MACRO en Roma.

Ivana es conocida mundialmente por su marca única de creatividad. Es una artista autodidacta que ha estado perfeccionando su estilo "funky color" durante más de 20 años. Ha ganado el primer lugar en las ferias internacionales de tatuajes más prestigiosas de la industria.

Su trabajo se ha mostrado en numerosas exposiciones y ha colaborado con varias escuelas de arte a nivel internacional.

Sus tatuajes son positivos, juguetones, hermosos, a veces traviesos y siempre divertidos. Su estilo es innovador, sofisticado y ecléctico; una increíble mezcla de múltiples géneros que combinan colores brillantes y elementos abstractos con estilo callejero y artístico.

Su estilo característico es reconocible al instante y ha ganado seguidores y admiradores en todo el mundo.

El compromiso de Ivana a la libertad artística y la aceptación mezclados con amor y gratitud se reflejan en todo lo que hace. Su arte es un reflejo de su niño interior mientras busca capturar el sentimiento juguetón y caprichoso de la juventud.

Ivana se inspira en sus viajes por todo el mundo.
También es entrenadora de la Ley de Atracción y Manifestación.

Cuando medito siento:

Cuando medito siento: